INVENTAIRE
Ye 4658

PAR

TRIM

ILLUST

PAR

G. Jundt

4658

POLICHINEL
PAR
PAR

POLICHINELLE

BIBLIOTHÈQUE NATIONALE IMPR.

Bossu, la voix aiguë et grêle,
Voilà Monsieur Polichinelle !
Un peu d'esprit et peur de rien,
C'est tout ce qu'il avait de bien.
Il fut trouvé tout nu, sans linges,
Dans un bois au milieu des singes.
Il devait être grimacier
Et posséder quelque malice,
Magot, pour père nourricier,
Dame Guenon pour sa nourrice.

Polichinelle tout petit
Brillait par un grand appétit,
N'aimant rien que manger et boire.
Il grimpait sur un tabouret,
Et tout en riant il fourrait
Sa bosse dans la bonne armoire.

Il faisait déjà plus d'un tour,
Outre ses tours à la cuisine.
Un jour il surprend dans la cour
Minet, le chat de la voisine;
Il l'assied, riant comme un fou,
Bon gré mal gré sur une chaise,
Lui met une serviette au cou
Et le rase ne lui déplaise.

Puis il l'attache à son traîneau,
Riant toujours à gorge pleine ;
Les poils hérissés sur la peau,
Le chat s'enfuit à perdre haleine.
Tous les chiens jappent après lui,
Les gamins de la rue aussi.

Autre tour, autre ritournelle.
Un jour Monsieur Polichinelle,
En se promenant au hasard,
Voit à l'étal d'une boutique
Faisant le coin du boulevard
Un flan, pâtisserie unique;
Il y met son doigt et son nez
Qui sont tous les deux peu gênés.

Le pâtissier fort en colère
Demande le prix de son flan.
Tra deri ra, la, la, lan laire!
Polichinelle répond : Vlan!

Il a deux poings qui font la paire.
Cependant il sent le besoin
D'aller tant soit peu se refaire
Chez le marchand de vin du coin.
En chantant Polichinelle entre,
Et sort, se caressant le ventre.

Polichinelle a remarqué
Un bon vieux pêcheur sur le quai,
Et tout doucement sur sa nuque
Il pêche au pêcheur sa perruque.

Quand Polichinelle fut grand,
Toujours joyeux, mais pas plus sage,
Toujours batailleur et gourmand,
Il voulut se mettre en ménage,
Pour s'entendre appeler papa.
Son mariage fut prospère
Et d'enfants le ciel le combla.
Mais c'était un drôle de père,
Donnant à son petit garçon
Du vin pour première boisson.

Au lieu de leur apprendre à lire,
Il leur apprenait à danser
Sur de bons refrains qui font rire,
A sauter, à se trémousser.
Mais souvent, en sortant de table,
Pour un rien on était battu ;
Quand il avait un peu trop bu,
Polichinelle était un diable.

BIBLIOTHÈQUE IMPÉRIALE

A Polichinelle à son tour
Le Diable voulut faire un tour.
Au lieu du buffet qu'il emporte,
Il vient placer près de la porte
Une boîte de sa façon.
Ho! ho! ça sent le saucisson,
Dit en rentrant Polichinelle;
Je flaire de petits brunets
Délicieux, si je ne rêve.
Mais le couvercle qu'il soulève
Retombe en lui pinçant le nez,
Et dans la boîte redoutable
Polichinelle a vu le Diable.
« Quel est donc ce monstre? — C'est moi:
Le Diable! Et je suis là pour toi.
Allons, en route, il faut me suivre
Dans les enfers où tu vas vivre. »

Malin comme tous les bossus,
Polichinelle, à cette invite,
Remet le couvercle bien vite
Sur la boîte, et saute dessus.
Mais, plus fort que Polichinelle,
Le Diable parvient à sortir.
« Allons, allons, il faut partir!
En enfer, âme criminelle!
— Ah! Monsieur le Diable, un moment,
Je n'ai pas fait mon testament;
Laissez-moi faire ma prière.
— Soit! » Il prend un bâton, et vlan!
Tombe à tour de bras sur Satan
Et lui fait tourner le derrière.
Tra deri ra, tra la la la,
Polichi rit bien ce jour-là.

BIBLIOTHÈQUE NATIONALE DÉPT.

Un jour il lui prit fantaisie
De voir l'Amérique et l'Asie
Et des hommes d'autres couleurs.
Mais là commencent ses malheurs.
Après quinze jours de voyage,
Le vaisseau fit soudain naufrage.
Chacun lutte contre la mort,
Et Polichinelle à la nage
Essaye avec un grand effort
De gagner le prochain rivage.

BIBLIOTH. IMPÉRIALE IMPR.

Tout en fendant le flot salé,
Il en avale à bouche pleine.
Ciel! voilà qu'il est avalé
Lui-même par une baleine!!

BIBL. IMPR. NATIONALE

Mais la baleine, heureusement,
Ne le trouvant pas assez tendre,
Se vit contrainte de le rendre,
Et le vomit tout doucement
Sur le bord d'une île déserte,
Où Polichinelle tremblant
Et de tous côtés ruisselant
Demeure quelque temps inerte.

Hélas! bientôt nouveau danger!
Il est surpris par des sauvages,
Des sauvages anthropophages
Qui l'emportent pour le manger.
Ah! cette fois sa mort est proche,
Car on va le mettre à la broche!

BIBLIOTH. IMPÉRIALE IMPR.

A la broche il était déjà ;
Mais un aigle, passant par là,
Le voit, et soudain, comme un rêve,
Avec sa culotte il l'enlève
Dans le ciel à travers les airs,
Par delà les monts et les mers !

Dans les serres de l'oiseau noir
Le malheureux Polichinelle
Se débat avec désespoir.
Enfin à la serre cruelle
Il échappe, et le sort a soin,
En le faisant du ciel en terre
Tomber la tête la première,
De le faire choir sur du foin.

Tra deri ra! Polichinelle
Est bien content, mais il a faim.
Dans cette détresse nouvelle
Comment faire? Il appelle en vain.
Enfin, ô bonheur! il découvre
Un arbre creux, de miel rempli.
Ah! C'est vraiment le ciel qui s'ouvre;
Cette ruche était là pour lui.
Or justement la colonie
Des abeilles était sortie,
Et Polichinelle joyeux
Se coule dedans l'arbre creux.

Mais à bâfrer comme il s'apprête,
Du bruit lui fait lever la tête :
C'est un ours gourmand comme lui,
Un ours, chercheur de miel aussi,
Qui s'avance. Polichinelle,
Saisi d'une terreur mortelle,
Veut sortir. Horrible embarras !
Il le veut, mais il ne peut pas.
Au miel il s'enfonce ; épouvante !
Plus il s'efforce de sortir
Et plus il se sent engloutir

Dans la substance agglutinante.
Il ferme les yeux éploré
Pour ne pas se voir dévoré,
Et recommande à Dieu son âme.

Dans l'arbre l'ours, qui n'a rien vu,
A reculons est descendu.

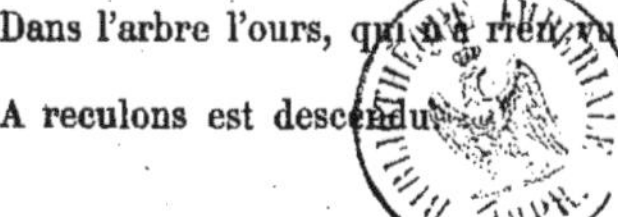

Polichinelle qui se pâme
Saisit en criant, tout hagard,
L'ours par une patte au hasard.
L'ours en se sentant pris s'effraie,
Et, sans demander sa monnaie,
Hors de l'arbre il prend son essor,
Saute par terre, et court encor
En entraînant Polichinelle,
Qui par miracle ainsi sauvé,
Quand il put rouvrir la prunelle,
Crut vraiment qu'il avait rêvé.

Tant d'émotions et de peine
Pourtant l'avaient bien épuisé.
Polichinelle, hors d'haleine,
Se sentait le corps tout brisé.
Par bonheur, sur sa haridelle,
Un bon curé passant par là,
Prit avec lui Polichinelle
Qu'à son logis il ramena.
C'est Polichinelle qui guide,
C'est le curé qui tient la bride.

Ainsi Polichinelle, un jour,
Revit ses enfants et sa femme
Qui n'attendait pas son retour,
Croyant qu'il avait rendu l'âme.
Les enfants surpris et joyeux
N'en pouvaient pas croire leurs yeux.

Polichinelle prit de l'âge,
Sans devenir beaucoup plus sage.
Quand il devint tout à fait vieux,
La Mort apparut à ses yeux.
C'était un horrible squelette,
Mais qui portait de la toilette,
Ayant plume rouge au chapeau
Et recouvert d'un grand manteau.
« Je suis la Mort, je viens te prendre.
— Un peu plus tard, veuillez attendre.
— Allons, allons, dépêche-toi!
— C'est très-bien, marchez devant moi. »

BIBLIOTH. IMPÉRIALE IMPR.

Aussitôt que Polichinelle
A vu la Mort tourner le dos,
A grands coups de bâton sur elle
Il tombe, et lui casse les os!

C'est ainsi que Polichinelle
Toujours joyeux et toujours fort,
Vainqueur du Diable et de la Mort,
Jouit d'une vie éternelle

BIBL. IMPÉR. IMPR.

IMPRIMERIE GÉNÉRALE DE CH. LAHURE
Rue de Fleurus, 9, à Paris

ALBUMS TRIM

POUR LES ENFANTS DE TROIS À [illegible] ANS

FORMAT PETIT IN-12

Chacun de ces albums, colorié et cartonné, se vend 3 fr

PLUME LE DISTRAIT, DISTRACTION DE PLUME, pour les enfants de cinq à cinquante ans, illustré par H. Castelli.

LES ŒUVRES DE LA MAIN, illustrées par [illegible]

A, B, C, TRIM, alphabet enchanté, illustré par Bertall.

JEAN BOURRIEAU, LE BOURREAU DES BÊTES, illustré par [illegible]

PIERRE L'ÉBOURIFFÉ, joyeuses histoires et [illegible] traduit de l'allemand du docteur Hoffmann, sur la 365ᵉ édition.

LOUSTIC L'ESPIÈGLE, [illegible], illustré par Bertall.

HISTOIRE DE JEAN-JEAN GROSPATAUD, illustrée par Pelcoq.

LA JOURNÉE DE DEUX PETITS GARÇONS (Histoire du [illegible] et du méchant Tom), illustrée par [illegible]

LES BÊTES, cours d'Histoire naturelle et de Morale, illustrées par Bertall.

LES DÉFAUTS HORRIBLES [illegible] Gourmands et [illegible], II. Menteurs, Envieux, Curieux, [illegible] Le Poltron, illustrés par [illegible]

LA POUPÉE, illustrée par [illegible]

LE CALCUL AMUSANT, illustré par Bertall.

Imprimerie générale de Ch. Lahure, rue de Fleurus, 9, à Paris

www.ingramcontent.com/pod-product-compliance
Ingram Content Group UK Ltd.
Pitfield, Milton Keynes, MK11 3LW, UK
UKHW021508260726
13993UKWH00004B/1606

9 782329 012421